1

もんだいを　よく　きこう ①

パトロールカーを　ならべるよ。□に　はいる　トミカは、したの　2だいの　うち、どちらかな？　○で　かこんでね。

にっさん スカイライン
GT-R（BNR34）
パトロールカー

にっさん フェアレディZ
NISMO パトロールカー

トヨタ クラウン
パトロールカー

にっさん GT-R パトロールカー

ひたちけんき ホイールローダ ZW220

おうちの方へ　文字を学ぶ前の子どもにとって、話をしっかり聞いて問題を理解することが学びの第一歩になります。「よく聞いてね」と、聞くことに集中できるよう言葉かけをしてください。

月　　日

2

もんだいを よく きこう ②

こうじの くるまを ならべるよ。□に はいる トミカは、したの 2だいの うち、どちらかな？ ○で かこんでね。

ひたちけんき
ローディングショベル
EX8000-7

ひたちけんき マカダムローラ
ZC125M-5

コマツ ブルドーザ
D155AX-6

トヨタ クラウン アスリート

コマツ ゆあつショベル PC200-10 がた

おうちの方へ　1とおなじく、聞く力と理解力を必要とする問題です。お子さんの話したい気もちによりそいながら、相手の話に耳をかたむけることの大切さもつたえていきましょう。

月　　日

3

もんだいを よく きこう ③

サイレンカーを ならべるよ。□に はいる トミカは、したの 2だいの うち、どちらかな？ ○で かこんでね。

スバル WRX S4
ふくめんパトロールカー

マツダ CX-5
どうろパトロールカー

さんがくきゅうじょしゃ

トヨタ ハイメディック
きゅうきゅうしゃ

トヨタ ハイエース

おうちの方へ　❶とおなじく、聞く力と理解力を必要とする問題です。サイレンカーがどんな車なのか、お子さんと話しあってみましょう。特ちょうをどのように理解していて、どのように説明するのか、耳をかたむけてみましょう。

月　　日

4

もんだいを よく きこう ④

あかい くるまを ならべるよ。□に はいる トミカは、したの 2だいの うち、どちらかな？ ○で かこんでね。

月　日

モリタ 13mブームつき
たもくてきしょうぼうポンプ
じどうしゃ MVF

ロンドンバス

トヨタ GR 86

みつびし アウトランダー
PHEV

SUBARU BRZ

おうちの方へ ❶とおなじく、聞く力と理解力を必要とする問題です。色の認識は「赤いいちご、おいしそうだね」など、ふだんの会話に色の表現を取りいれて、たかめていきましょう。

5

もんだいを　よく　きこう ⑤

くろい　くるまを　ならべるよ。□に　はいる　トミカは、したの　2だいの　うち、どちらかな？　○で　かこんでね。

みつびし デリカミニ　　トヨタ ヴォクシー　　トヨタ クラウン コンフォート タクシー　　ホンダ ステップワゴン

トヨタ アルファード

トヨタ ハイラックス

おうちの方へ　❶とおなじく、聞く力と理解力を必要とする問題です。お子さんはいくつの色を認識していますか？幼児期にたくさんの色にふれることは、脳を刺激し、色彩感覚をやしなうことにつながります。

月　　日

6

もんだいを よく きこう⑥

タイヤが 6つの くるまを ならべるよ。□に はいる トミカは、したの 2だいの うち、どちらかな？ ○で かこんでね。

月　日

スーパーアンビュランス

みつびしふそう
スーパーグレート

すいぞくかんトラック

いすゞ ギガ ダンプカー

トヨタ SORA

ひのはしごつきしょうぼうしゃ
（モリタ・スーパージャイロラダー）

T《ティー》くん

おうちの方へ

1とおなじく、聞く力と理解力を必要とする問題です。見えているタイヤの数と、実際のタイヤの数が異なるので、むずかしいかもしれません。
お手もちのトミカや車の玩具など具体物で理解をふかめましょう。

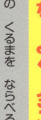

7

えらんだ　りゆうを　おしえて

きみなら　□に　どちらの　トミカを　ならべるかな?　○で　かこんでね。えらんだ　りゆうを　おうちの　ひとに　おはなししよう。

トヨタ カムリ スポーツ
ふくめんパトロールカー

Honda VFR しろバイ

トヨタ ハイメディック
きゅうきゅうしゃ

モリタ CD-I がた ポンプしょうぼうしゃ

ホンダ シビック TYPE R

おうちの方へ　どちらでもまちがいではありません。お子さんの自由な考え方でえらんでください。「サイレンカーだから」「白いトミカだから」というふうに、自分なりに考えたルールを聞いてあげてください。

月　　日

8

おなじ じゅんばんに ならべる①

うえの みほんと おなじに なるように、トミカを ならべるよ。
シールを つかって かんせいさせよう。

月　　日

みほん

にっさん NV400
EVきゅうきゅうしゃ

トヨタ ダイナ レッカーしゃ

トヨタ ダイナ せいそうしゃ

おうちの方へ　3 台のトミカを見本とおなじようにならべる問題です。1 台ずつ順番に、見本を何度も見て、シールをはってみましょう。見本を何度も見ること、順番に少しずつ確認することなどができたら、ほめてあげてください。

9

おなじ　じゅんばんに　ならべる ②

うえの　みほんと　おなじに　なるように、トミカを　ならべるよ。
シールを　つかって　かんせいさせよう。

月　　日

みほん

ひたちけんき
そうわんさぎょうき アスタコ

ひたちけんき リジッドダンプ
トラック EH3500AC-3

まえだせいさくしょ
かにクレーン

おうちの方へ　8とおなじく、見本とおなじようにならべる問題です。お子さんの発達段階によっては、まん中の車両を基準にして、左右の概念をつたえてもよいですね。

10

おなじ　じゅんばんに　ならべる③

うえの　みほんと　おなじに　なるように、トミカを　ならべるよ。
シールを　つかって　かんせいさせよう。

月　　日

みほん

トヨタ タウンエース
ハンバーガーカー

どうぶつうんぱんしゃ

スバル サンバー
ケーキカー

いすゞ ギガ
フライドポテトカー

おうちの方へ
8とおなじく、見本とおなじようにならべる問題です。４台になり情報量がふえましたが、見本をみながら、じっくり取りくみましょう。見る力を育みます。

11

おなじ　じゅんばんに　ならべる④

うえの　みほんと　おなじに　なるように、トミカを　ならべるよ。シールを　つかって　かんせいさせよう。

月　　日

みほん

ひのはしごつきしょうぼうしゃ（モリタ・スーパージャイロラダー）

スバル フォレスター しょうぼうしきしゃ

モリタ 13mブームつきたもくてき しょうぼうポンプじどうしゃ MVF

モリタ CD-Iがた ポンプしょうぼうしゃ

おうちの方へ

❽とおなじく、見本とおなじようにならべる問題です。4台の赤い車両の特ちょうをよく見ましょう。となりの車両に重ならないようにはることで、手の器用さもやしないます。

12

おなじ じゅんばんに ならべる ⑤

みぎうえの みほんと おなじに なるように、トミカを ならべるよ。シールを つかって かんせいさせよう。

月　日

おうちの方へ　8とおなじく、見本とおなじようにならべる問題です。ななめにならべるのは、なれないことかもしれません。「ななめ」の概念をつたえて、オレンジ色の枠内にはれるよう、言葉かけをしてください。

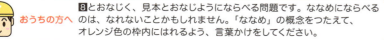

13

おなじ じゅんばんに ならべる ⑥

みぎうえの みほんと おなじに なるように、トミカを ならべるよ。シールを つかって かんせいさせよう。

月　　日

おうちの方へ　8とおなじく、見本とおなじようにならべる問題です。ななめにならべるのは、なれないことかもしれません。「ななめ」の概念をつたえて、水色の枠内にはれるよう言葉かけをしてください。

14

ルールは なにかな ①

うえの 3だいの トミカを ひだりから ちいさい じゅんに ならべよう。シールを つかって ならべてね。

月　　日

トヨタ ノア

スズキ ジムニー

トヨタ GRカローラ

1ばん ちいさい	2ばんめに ちいさい	3ばんめに ちいさい

おうちの方へ　車両の大きさをくらべます。答えの「3番目に小さい」とは、「1番大きい」ということです。問題上では混乱をさけ、「小さい」と表現を統一しています。対義語の概念もお話ししてみてください。

15

ルールは　なにかな ②

うえの　3だいの　トミカを　ひだりから　おおきい　じゅんに　ならべよう。シールを　つかって　ならべてね。

にっさん GT-R パトロールカー

Honda VFR しろバイ

おおがたじんいんゆそうしゃ

1ばん　おおきい	2ばんめに　おおきい	3ばんめに　おおきい

おうちの方へ　14とおなじく、大きさをくらべる問題です。指定された場所に、正しいシールをはることは、見る力と手の器用さを育みます。

月　　日

16

ルールは なにかな ③

うえの 4だいの トミカを ひだりから ちいさい じゅんに ならべよう。シールを つかって ならべてね。

トヨタ SORA

トヨタ コースター ようちえんバス

トヨタ ダイナ せいそうしゃ

いすゞ エルフ ひょうしきしゃ

1ばん ちいさい

2ばんめに ちいさい

3ばんめに ちいさい

4ばんめに ちいさい

おうちの方へ　14とおなじく、大きさをくらべる問題です。差が分かりにくい場合は、マス目をいっしょにかぞえてみましょう。

月　日

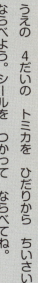

17

ルールは　なにかな④

うえの　4だいの　トミカを　ひだりから　おおきい　じゅんに　ならべよう。シールを　つかって　ならべてね。

コマツ ゆあつショベル
PC200-10 がた

まえだせいさくしょ
かにクレーン

コマツ ブルドーザ
D155AX-6

ひたちけんき リジッドダンプ
トラック EH3500AC-3

1ばん おおきい

2ばんめに おおきい

3ばんめに おおきい

4ばんめに おおきい

おうちの方へ　⑭とおなじく、大きさをくらべる問題です。大きさなど特ちょうに注目し、くらべることは、視覚情報の処理につながり、考える力をきたえます。

月　　日

18

ルールは なにかな ⑤

4だいの トミカを きみの ルールで ならべよう。
どんな ルールかな? おうちの ひとに おはなししてね。

月　　日

みほん

トヨタ コースター
ようちえんバス

モリタ CD-Iがた
ポンプしょうぼうしゃ

マツダ CX-5
どうろパトロールカー

ロンドンバス

せんとう　　　　さいご

おうちの方へ お子さんの自由な考え方でえらんでください。色で考えることも、サイレンカーとバスという車種で考えることもできますね。それ以外にも、思いがけないルールが聞けるかもしれません。

19

どちらの　じゅんばん？①

2だいの　トミカが　じゅんばんに　ならんでいるよ。
□に　はいるのは　どちらの　トミカかな？
○で　かこんでね。

月　　日

にっさん スカイライン
GT-R（BNR34）
パトロールカー

モリタ CD-Iがた
ポンプしょうぼうしゃ

おうちの方へ　ならんでいる対象を見て、ルール（規則性）を見つける問題です。パトロールカーの後ろに消防車がならぶというルールを見つけ、空欄に当てはまる車両がどちらなのかを考えます。見る力と思考力が育まれます。

20

どちらの じゅんばん？②

2だいの トミカが じゅんばんに ならんでいるよ。
□に はいるのは どちらの トミカかな？
○で かこんでね。

みつびしふそう
スーパーグレート

トヨタ コースター
ようちえんバス

おうちの方へ　19とおなじく、ルールを見つける問題です。ようちえんバスの後ろにトラックがならぶというルールを見つけ、空欄に当てはまる車両がどちらなのかを考えます。じっくり取りくみましょう。

月　　日

21

どちらの じゅんばん？③

2だいの トミカが じゅんばんに ならんでいるよ。
□に はいるのは どちらの トミカかな？
○で かこんでね。

コマツ ブルドーザ
D155AX-6

コマツ ゆあつショベル
PC200-10 がた

おうちの方へ ⑲とおなじく、ルールを見つける問題です。先頭のマスが空欄になっているので、⑳、㉑からつづけて解く場合には、とまどうかもしれません。機転をきかせる力がやしなわれます。

月　日

22

どちらの じゅんばん？④

2だいの トミカが じゅんばんに ならんでいるよ。
□に はいるのは どちらの トミカかな？
○で かこんでね。

にっさん NV400
EVきゅうきゅうしゃ

ひのはしごつきしょうぼうしゃ
(モリタ・スーパージャイロラダー)

おうちの方へ

⑲とおなじく、ルールを見つける問題です。マスの数は増えましたが、２種類の車両なので、考え方は⑲～㉑とおなじです。複雑そうに見えた問題でも、なげださずに取りくめたことをほめてあげましょう。

月　　日

23

どちらの じゅんばん？⑤

2だいの トミカが じゅんばんに ならんでいるよ。
□に はいるのは どちらの トミカかな？
○で かこんでね。

トヨタ タウンエース
ハンバーガーカー

いすゞ ギガ
フライドポテトカー

おうちの方へ　⑲とおなじく、ルールを見つける問題です。マスの数は増えましたが、2種類の車両なので、考え方は⑲〜㉑とおなじです。

月　日

24

どちらの じゅんばん？⑥

2だいの トミカが じゅんばんに ならんでいるよ。
□に はいるのは どちらの トミカかな？
○で かこんでね。

ひたちけんき リジッドダンプ
トラック EH3500AC-3

いすゞ ギガ ダンプカー

おうちの方へ ⑲とおなじく、ルールを見つける問題です。先頭のマスが空欄になっているので、㉒、㉓からつづけて解く場合には、とまどうかもしれません。機転をきかせる力がやしなわれます。

月　　日

25

むずかしい　ならびかた①

2だいの　トミカが　じゅんばんに　ならんでいるよ。
□には　おなじ　トミカが　はいるよ。どちらの　トミカかな？
○で　かこんでね。

にっさん フェアレディZ NISMO
パトロールカー

スバル WRX S4
ふくめんパトロールカー

おうちの方へ　⑲とおなじく、ルールを見つける問題です。マスのならびが少し複雑になったので、ならびの流れを意識しましょう。ゆびで流れをたどりながら、ゆっくり考えてみてください。

月　　日

26

むずかしい ならびかた②

2だいの トミカが じゅんばんに ならんでいるよ。
□には おなじ トミカが はいるよ。どちらの トミカかな？
○で かこんでね。

月　日

すいぞくかんトラック

どうぶつうんぱんしゃ

おうちの方へ　⑲とおなじく、ルールを見つける問題です。マスのならびが少し複雑になったので、ならびの流れを意識しましょう。ゆびで流れをたどりながら、ゆっくり考えてみてください。

27

むずかしい　ならびかた③

2だいの　トミカが　じゅんばんに　ならんでいるよ。
□には　おなじ　トミカが　はいるよ。どちらの　トミカかな？
○で　かこんでね。

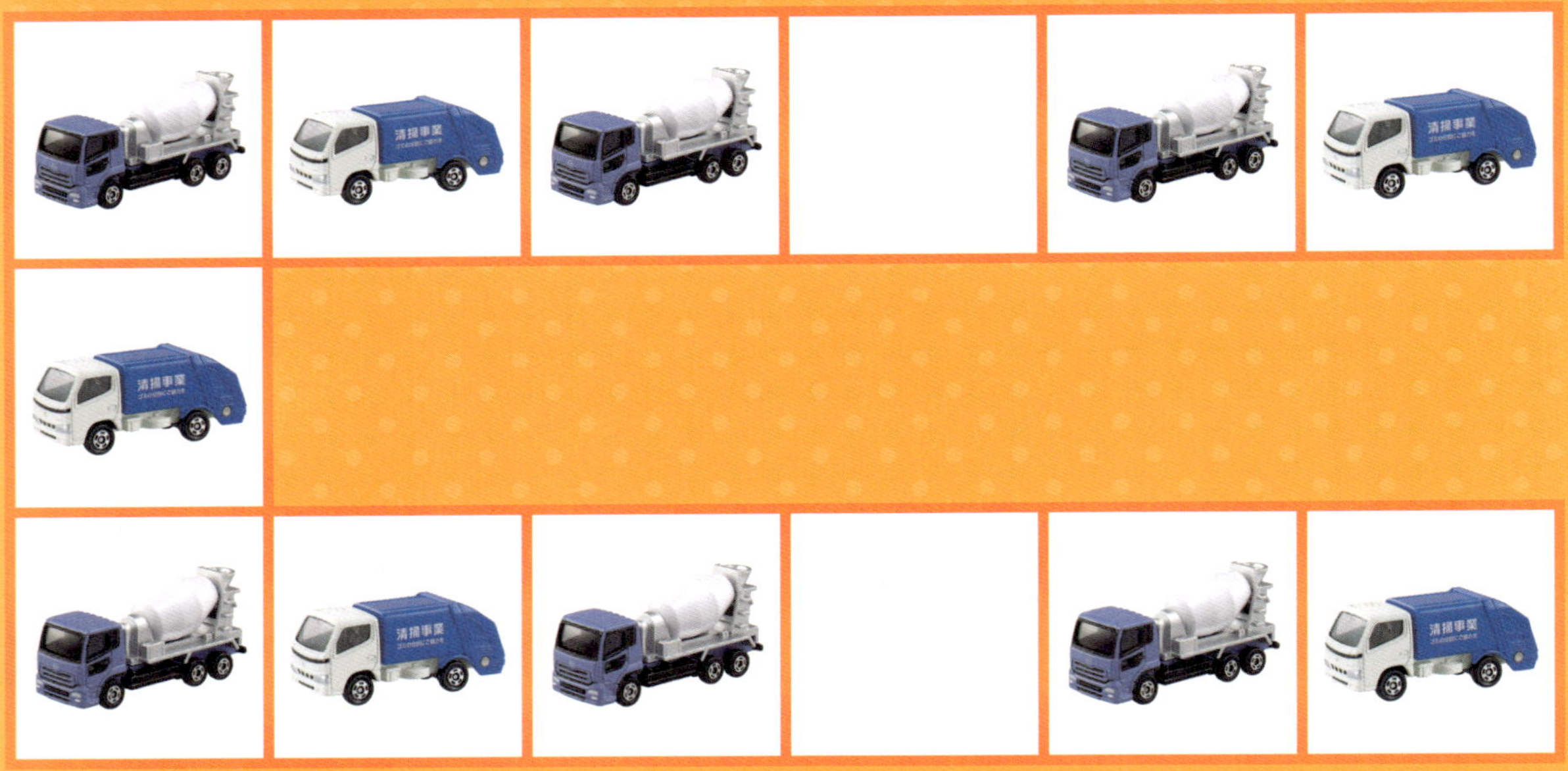

UD トラックス クオン ミキサーしゃ

トヨタ ダイナ せいそうしゃ

おうちの方へ
19とおなじく、ルールを見つける問題です。マスのならびが少し複雑になったので、ならびの流れを意識しましょう。25、26と流れが逆になっているので、つづけて解く場合は考え方のきりかえが必要です。

月　　日

28

むずかしい ならびかた④

2だいの トミカが じゅんばんに ならんでいるよ。
□には おなじ トミカが はいるよ。どちらの トミカかな？
○で かこんでね。

月　日

Honda VFR しろバイ

しょうぼうかつどうにりんしゃ
クイックアタッカー

おうちの方へ　19とおなじく、ルールを見つける問題です。マスのならびが少し複雑になったので、ならびの流れを意識しましょう。ゆびで流れをたどりながら、ゆっくり考えてみてください。

29

3だいの じゅんばん①

3だいの トミカが じゅんばんに ならんでいるよ。
□に はいるのは どの トミカかな？
○で かこんでね。

モリタ 13mブームつきたもくてき
しょうぼうポンプじどうしゃ MVF

スーパーアンビュランス

トヨタ クラウン
パトロールカー

おうちの方へ 19とおなじく、ルールを見つける問題です。3 種類の車両になったので、3 台のならびをセットとして考える必要があります。

月　日

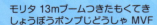

30

3だいの じゅんばん②

3だいの トミカが じゅんばんに ならんでいるよ。
□に はいるのは どの トミカかな？
○で かこんでね。

月　日

ひたちけんき マカダムローラ
ZC125M-5

ひたちけんき
ホイールローダ ZW220

ひたちけんき
そうわんさぎょうき アスタコ

おうちの方へ　19とおなじく、ルールを見つける問題です。3 台のならびをセットとして考える必要があります。車両の色合いがにているので、特ちょうをしっかり見て認識する力と思考力が育まれます。

31

3だいの　じゅんばん ③

3だいの　トミカが　じゅんばんに　ならんでいるよ。
□に　はいるのは　どの　トミカかな？
○で　かこんでね。

みつおか バディ

スズキ ジムニー

にっさん NISSAN GT-R

おうちの方へ　19とおなじく、ルールを見つける問題です。3 台のならびをセットとして考える必要があります。むずかしい場合は、セットを見つけて、かこんでみるのもよいでしょう。

月　　日

32

3だいの じゅんばん④

3だいの トミカが じゅんばんに ならんでいるよ。
□に はいるのは どの トミカかな?
○で かこんでね。

トヨタ GR 86

トヨタ ランドクルーザー

SUBARU BRZ

おうちの方へ 19とおなじく、ルールを見つける問題です。マスが 1 マスふえましたが、3 台のならびのセットを見つけて、かこんでみるとよいでしょう。

月 日

33

3だいの じゅんばん ⑤

3だいの トミカが じゅんばんに ならんでいるよ。
□には おなじ トミカが はいるよ。どの トミカかな？
○で かこんでね。

スバル フォレスター
しょうぼうしきしゃ

にっさん エクストレイル

ヤンマー トラクター
YT5113

おうちの方へ

19とおなじく、ルールを見つける問題です。赤い車両ばかりの 3 台なので、それぞれの特ちょうをしっかり確認するようにしましょう。セットを見つけて、かこんでみましょう。

月　日

34

3だいの じゅんばん⑥

3だいの トミカが じゅんばんに ならんでいるよ。
□に はいるのは どの トミカかな？
○で かこんでね。

まえだせいさくしょ
かにクレーン

ひたちけんき そうわんさぎょうき
アスタコ

BK117 D-2 ヘリコプター

おうちの方へ
19とおなじく、ルールを見つける問題です。独特な形状をした３種類のトミカなので、複雑に見えるかもしれませんが、自信をもって、おちついて考えるように言葉かけしましょう。

月　日

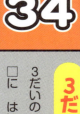

35

3だいの むずかしい ならび ①

3だいの トミカが じゅんばんに ならんでいるよ。□には おなじ トミカが はいるよ。どの トミカが はいるかな? ○で かこんでね。

月　日

トヨタ クラウン
コンフォート タクシー

トヨタ コースター
ようちえんバス

トヨタ SORA

おうちの方へ　19とおなじく、ルールを見つける問題です。3台のトミカが複雑な流れでならんでいますが、ゆっくり、ねばり強く取りくむことで、忍耐力がやしなわれます。

36

3だいの むずかしい ならび ②

3だいの トミカが じゅんばんに ならんでいるよ。
□には おなじ トミカが はいるよ。どの トミカが はいるかな？ ○で かこんでね。

トヨタ クラウン アスリート

スズキ ジムニー

トヨタ シエンタ

おうちの方へ 19とおなじく、ルールを見つける問題です。３台のトミカが複雑な流れでならんでいますが、考え方は 29 以降とおなじです。むずかしそうな問題に取りくみ、解くことができた成功体験は、自信につながります。

月　　日

37

3だいの むずかしい ならび ③

3だいの トミカが じゅんばんに ならんでいるよ。□には おなじ トミカが はいるよ。どの トミカが はいるかな？ ○で かこんでね。

にっさん スカイライン
GT-R(BNR34) パトロールカー

モリタ CD-Iがた
ポンプしょうぼうしゃ

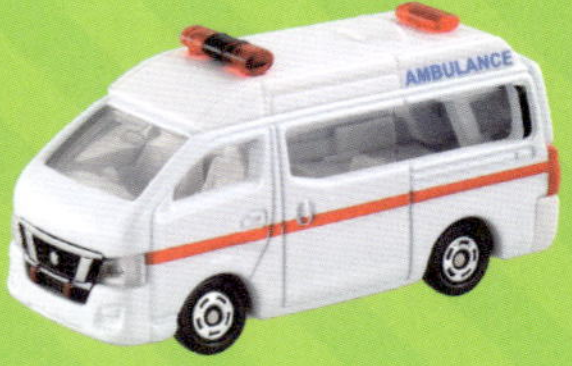

にっさん NV350 キャラバン
きゅうきゅうしゃ

おうちの方へ　19とおなじく、ルールを見つける問題です。36、37とは、逆の流れでならんでいます。つづけて解く場合は、考え方をきりかえるひらめきや、瞬発力も必要となってきます。

月　　日

38

3だいの むずかしい ならび④

3だいの トミカが じゅんばんに ならんでいるよ。□には おなじ トミカが はいるよ。どの トミカが はいるかな？ ○で かこんでね。

コマツ ゆあつショベル
PC200-10 がた

ひたちけんき
ホイールローダ ZW220

ひたちけんき
ローディングショベル EX8000-7

おうちの方へ　⑲とおなじく、ルールを見つける問題です。㊱、㊲とは、逆の流れでならんでいます。むずかしい場合は、流れをゆびでたどりながら考えてみましょう。

月　　日

9マス パズル①

おなじ トミカが よこに 3だい ならぶように、あいている マスに トミカの シールを はってね。
「よこ」の ならびを よく みてね。

よこ

 トヨタ クラウン パトロールカー		 トヨタ クラウン パトロールカー
 スズキ ジムニー		 スズキ ジムニー
 トヨタ ダイナ せいそうしゃ		 トヨタ ダイナ せいそうしゃ

おうちの方へ
おなじトミカが 3 台ならぶように配置する問題です。
「よこ」の概念を確認してから、取りくんでみましょう。

月　　日

40

9マス パズル②

おなじ トミカが たてに 3だい ならぶように、 あいている マスに トミカの シールを はってね。 「たて」の ならびを よく みてね。

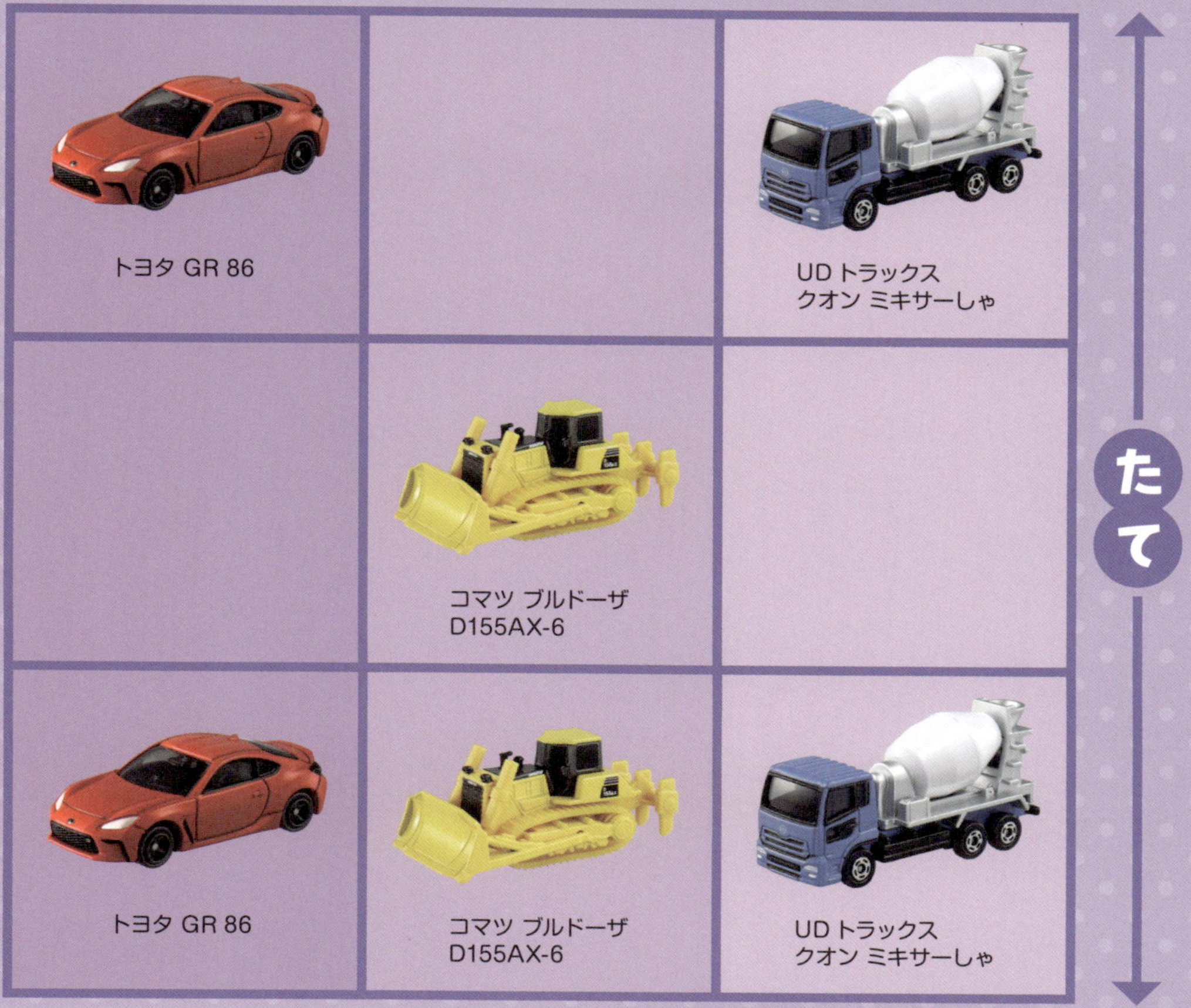

おうちの方へ　おなじトミカが 3 台ならぶように配置する問題です。「たて」の概念を確認してから、取りくんでみましょう。

月　　日

41

9マス パズル③

おなじ トミカが ななめの やじるしの ほうこうに 3だい ならぶように、まんなかの マスに トミカの シールを はってね。

どの トミカかな？「ななめ」の ならびを よく みてね。

月　日

ななめ

ひのはしごつきしょうぼうしゃ
（モリタ・スーパージャイロラダー）

トヨタ ダイナ
レッカーしゃ

みつびしふそう
スーパーグレート

トヨタ クラウン
コンフォートタクシー

トヨタ SORA

トヨタ L&F ジェネオ

いすゞ エルフ
ひょうしきしゃ

ひのはしごつきしょうぼうしゃ
（モリタ・スーパージャイロラダー）

ななめ

おうちの方へ　おなじトミカが「ななめ」にならぶように配置する問題です。「ななめ」の概念を確認してから、取りくんでみましょう。

42

9マス パズル④

おなじ トミカが ななめの やじるしの ほうこうに 3だい
ならぶように、まんなかの マスに トミカの シールを はってね。
どの トミカかな？「ななめ」の ならびを よく みてね。

月　　日

おうちの方へ　おなじトミカが「ななめ」にならぶように配置する問題です。
「ななめ」の概念を確認してから、取りくんでみましょう。

43

9マス パズル⑤

まんなかの マスに ひだりの どの トミカが はいると、おなじ トミカが 3だい ならぶかな? ○で かこんでね。

たて、よこ、ななめ、どの ならびかな?

月　日

スバル フォレスター
しょうぼうしきしゃ

ひのはしごつきしょうぼうしゃ
(モリタ・スーパージャイロラダー)

モリタ 13mブームつきたもくてき
しょうぼうポンプじどうしゃ MVF

しょうぼうかつどうにりんしゃ
クイックアタッカー

おうちの方へ　「たて」「よこ」「ななめ」すべてのならびをゆっくり確認して取りくみましょう。見る力、柔軟な考え方、多角的な視点がやしなわれます。

44

9マス パズル⑥

まんなかの　マスに　ひだりの　どの　トミカが　はいると、おなじ　トミカが　3だい　ならぶかな？　○で　かこんでね。
たて、よこ、ななめ、どの　ならびかな？

トヨタ カムリ スポーツ
ふくめんパトロールカー

マツダ CX-5
どうろパトロールカー

にっさん スカイライン
GT-R(BNR34)
パトロールカー

Honda VFR しろバイ

おうちの方へ　「たて」「よこ」「ななめ」すべてのならびをゆっくり確認して取りくみましょう。見る力、柔軟な考え方、多角的な視点がやしなわれます。にている車両もあるので、ちがいをしっかり認識する必要があります。

月　　日

こたえ

おうちの方へ

●答えは、正解がわかりにくい問題のみ掲載しています。

こたえ

おうちの方へ

●答えは、正解がわかりにくい問題のみ掲載しています。

こたえ

おうちの方へ

●答えは、正解がわかりにくい問題のみ掲載しています。

こたえ

おうちの方へ

●答えは、正解がわかりにくい問題のみ掲載しています。

JN239154